차례

손오공과 함께 하는 마법 한자 **1**

★ 한자의 뜻과 소리를 써 보세요.

더해져라!
더할 익 益!

더해져라!   예) 더할 익

죽여라!
죽일 살 殺!

뛰어넘어라!
넘을 월 越!

죽여라!   뛰어넘어라!

헐어 버려라!
헐 훼 毁!

때려라!
때릴 구 毆!

헐어 버려라!   때려라!

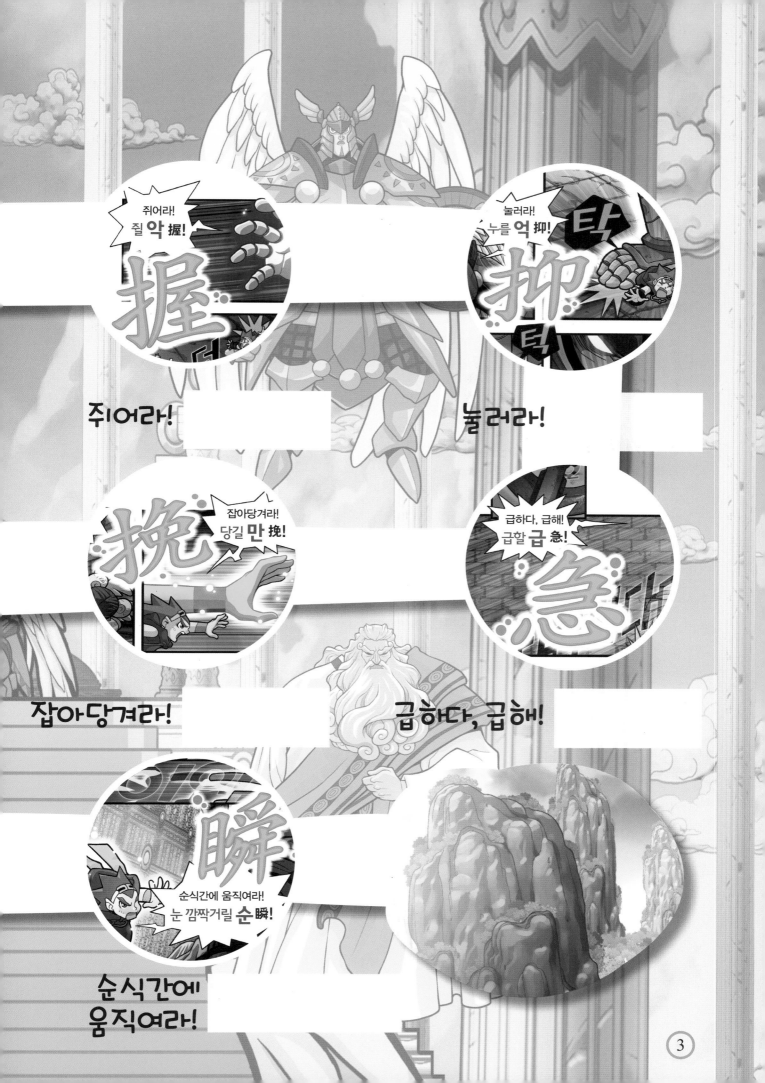

쥐어라!
쥘 **악** 握!

눌러라!
누를 **억** 抑!

쥐어라!

눌러라!

잡아당겨라!
당길 **만** 挽!

급하다, 급해!
급할 **급** 急!

잡아당겨라!

급하다, 급해!

순식간에 움직여라!
눈 깜짝거릴 **순** 瞬!

순식간에 움직여라!

엄마, 아빠와 함께 하는 한자 연습장

더해져라! 더할 익 益!

▶ 한자마법을 따라 써 보세요.

더해져라! 더할 익 益!

더해져라! 더할 익 益!

한자능력검정시험급수 4급

益

더할 익

물그릇 위로 물이 넘치는 모습에서, '더해지다', '많다', '가득하다'의 뜻을 나타낸다.

皿부의 5획 총 10획

필순 益 益 益 益 益 益 益 益 益 益

▶ 필순에 따라 바르게 써 보세요.

益	益	益	益	益	益	益	益	益
더할 익								
益	益							

益이 쓰인 낱말

이익(利益) – 물질적으로나 정신적으로 보탬이 되는 것을 뜻함
익충(益蟲) – 꿀벌, 누에와 같이 사람에게 유익한 곤충

▶ 益이 쓰인 낱말을 써 보세요.

利	益	利	益			
이익						

益	蟲	益	蟲			
익충						

▶ 다음 한자는 益과 같은 소리를 내는 한자예요.

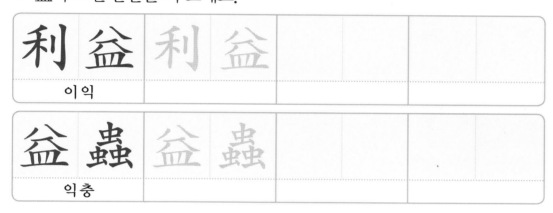

익 ── 翼 날개 익 ── 匿 숨길 익 ── 翊 도울 익

翼 날개 익	뜻 : '새의 깃'을 뜻하는 羽(우)와 음을 나타내는 異(이→익)를 합하여 '날개'의 뜻을 나타낸다.
	翼

匿 숨길 익	뜻 : 뜻을 나타내는 匚(혜)와 음을 나타내는 若(약→닉)이 합하여 '숨기다', '감추다'의 뜻을 나타낸다.
	匿

翊 도울 익	뜻 : 뜻을 나타내는 羽(우)와 음을 나타내는 立(립→익)이 합하여 '돕다', '보좌하다'의 뜻을 나타낸다.
	翊

엄마, 아빠와 함께 하는
한자 연습장

쥐어라! 쥘 악 握!

▶ 한자마법을 따라 써 보세요.

쥐어라! 쥘 악 握!

쥐어라! 쥘 악 握!

한자능력검정시험급수 2급 **握** 쥘 악	'손'을 뜻하는 手(수)와 음을 나타내는 屋(옥)을 합하여 '손안에 싸서 넣다', '쥐다'의 뜻을 나타낸다. 手(扌)부의 9획 총 12획 
	필순 握 握 握 握 握 握 握 握 握 握 握 握

▶ 필순에 따라 바르게 써 보세요.

握	握	握	握	握	握	握	握
쥘 악							
握	握	握	握				

握이 쓰인 낱말

악수(握手) – 두 사람이 서로 손을 마주 잡아 친밀한 정을 표시함
악력(握力) – 물건을 쥐는 힘

▶ 握이 쓰인 낱말을 써 보세요.

握 手	握 手			
악수				

握 力	握 力			
악력				

▶ 다음 한자는 握과 같은 소리를 내는 한자예요.

악	惡 악할 악	岳 큰 산 악	幄 휘장 악

惡 악할 악	뜻 : 묘실을 나타내는 亞(아)와 마음을 뜻하는 心(심)이 합하여 이루어진 글자로, 묘실에 마주할 때 느끼는 기분 나쁜 마음에서 '나쁘다'라는 뜻이 나왔다.				
	惡				

岳 큰 산 악	뜻 : 丘(구)와 山(산)을 합하여 '산 위에 작은 산' 또는 '언덕이 있는 큰 산'의 뜻을 나타낸다.				
	岳				

幄 휘장 악	뜻 : '헝겊'을 나타내는 巾(건)과 음을 나타내는 屋(악)이 합하여 '휘장', '장막'의 뜻을 나타낸다.				
	幄				

엄마, 아빠와 함께 하는
한자 연습장

▶ 한자마법을 따라 써 보세요.

눌러라! 누를 억 抑!

눌러라! 누를 억 抑!

한자능력검정시험급수 3급

抑

꿇어앉아 있는 사람의 머리를 손으로 내리누르는 모습을 본뜬 卩(인)과 '손'을 뜻하는 手(수)를 합하여 '누르다'의 뜻을 나타낸다.

手(扌)부의 4획 총 7획

누를 억

필순 抑 抑 抑 抑 抑 抑 抑

▶ 필순에 따라 바르게 써 보세요.

抑	抑	扌	抑	抑	抑	抑	抑
누를 억							

抑이 쓰인 낱말

억류(抑留) – 억지로 머무르게 함
억압(抑壓) – 억지로 누름

▶ 抑이 쓰인 낱말을 써 보세요.

抑	留	抑	留			
억류						

抑	壓	抑	壓			
억압						

▶ 다음 한자는 抑과 같은 소리를 내는 한자예요.

억 ── 億 억 억 ── 憶 생각할 억 ── 臆 가슴 억

億	뜻 : '사람'을 뜻하는 亻(인)과 음을 나타내는 意(억)을 합하여 '잔뜩 있다'의 뜻을 나타냈다가 나중에는 수가 많음을 나타내어, 수의 자리로 '억'의 단위를 나타낸다.						
억 억	億						

憶	뜻 : '마음'을 뜻하는 忄(심)과 '단단히 누르다'를 뜻하는 意(의, 억)을 합하여 '마음에 단단히 새겨 외다'의 뜻을 나타낸다.						
생각할 억	憶						

臆	뜻 : '고기'를 뜻하는 月(육)과 음을 나타내는 意(억)이 합하여 '가슴', '마음'의 뜻을 나타낸다.						
가슴 억	臆						

엄마, 아빠와 함께 하는
한자 연습장

월	일
아빠 확인	엄마 확인

▶ 한자마법을 따라 써 보세요.

죽여라! 죽일 살 殺!

죽여라! 죽일 살 殺!

한자능력검정시험급수 4급

殺

죽일 **살**

칼에 찔린 들짐승의 모습을 본뜬 㣇(살)과 손에 몽둥이를 든 모습을 본뜬 殳(수)를 합하여 '죽이다', '깎아서 줄이다'의 뜻을 나타낸다.

殳부의 7획 총 11획

필순 殺 殺 殺 殺 殺 殺 殺 殺 殺 殺 殺

◉ 필순에 따라 바르게 써 보세요.

殺	殺	殺	殺	殺	殺	殺	殺	殺
죽일 살								
殺	殺	殺						

엄마, 아빠와 함께 하는
한자 연습장

28권

월 일

아빠 확인 | 엄마 확인

마법천자문

殺이 쓰인 낱말

살균(殺菌) – 병균을 죽임
살벌(殺伐) – 행동이나 분위기가 거칠고 무시무시함
살상(殺傷) – 사람을 죽이거나 상처를 입힘

▶ 殺이 쓰인 낱말을 써 보세요.

殺 菌	殺 菌		
살균			

殺 伐	殺 伐		
살벌			

殺 傷	殺 傷		
살상			

▶ 다음 한자는 殺과 같은 소리를 내는 한자예요.

살	撒 뿌릴 살	薩 보살 살

撒	뜻 : '손'을 뜻하는 扌(수)와 음을 나타내는 散(산→살)을 합하여 '뿌리다', '흩뜨리다'의 뜻을 나타낸다.					
	撒					
뿌릴 **살**						

薩	뜻 : 뜻을 나타내는 艹(초)와 음을 나타내는 隡(산→살)이 합하여 '보살'의 뜻을 나타낸다.					
	薩					
보살 **살**						

11

엄마, 아빠와 함께 하는
한자 연습장

마법천자문

▶ 한자마법을 따라 써 보세요.

뛰어넘어라! 넘을 월 越!

뛰어넘어라! 넘을 월 越!

뛰어넘어라!
넘을 월 越!

한자능력검정시험급수 3급

越

넘을 월

먼 지역을 의미하는 戉(월)에 走(주)를 더하여 '먼 곳으로 넘어가다'의 뜻을 나타낸다.

走부의 5획 총 12획

필순 越 越 越 越 越 越 越 越 越 越 越 越

▶ 필순에 따라 바르게 써 보세요.

越	越	越	越	越	越	越	走	走
넘을 월								
越	越	越	越					

越이 쓰인 낱말

월장(越牆) – 담을 넘음
월등(越等) – 사물의 정도의 차이가 크게 뛰어남

▶ 越이 쓰인 낱말을 써 보세요.

越	牆	越	牆		
월장					

越	等	越	等		
월등					

▶ 다음 한자는 越과 같은 소리를 내는 한자예요.

월 ─── 月 달 월 ─── 鉞 도끼 월 ─── 刖 벨 월

月 달 월	뜻 : 초승달 혹은 반달의 모양을 본뜬 글자로, 하늘에 뜬 '달' 또는 한 달, 두 달과 같이 '기간을 세는 단위'를 뜻한다. 月					

鉞 도끼 월	뜻 : 뜻을 나타내는 金(금)과 음을 나타내는 戉(월)을 합하여 '도끼'의 뜻을 나타낸다. 鉞					

刖 벨 월	뜻 : 뜻을 나타내는 刂(도)와 음을 나타내는 月(월)을 합하여 '베다', '자르다'를 뜻한다. 刖					

▶ 한자마법을 따라 써 보세요.

잡아당겨라! 당길 만 挽!

잡아당겨라! 당길 만 挽!

한자능력검정시험급수 1급

挽

당길 만

사람이 모자를 쓰고 있는 모양을 본뜬 免(면)에 手(수)를 더하여 '손으로 당기다', '벗다', '벗어나다'의 뜻을 나타낸다.

手(扌)부의 7획 총 10획

필순 挽 挽 挽 挽 挽 挽 挽 挽 挽 挽

▶ 필순에 따라 바르게 써 보세요.

挽
당길 만

挽 挽 挽 挽 挽 挽 挽

挽 挽

挽이 쓰인 낱말

만류(挽留) – 붙들고 말림
만회(挽回) – 바로잡아 돌이킴

▶ 挽이 쓰인 낱말을 써 보세요.

挽	留	挽	留		
만류					

挽	回	挽	回		
만회					

▶ 다음 한자는 挽과 같은 소리를 내는 한자예요.

萬 일만 만	뜻 : 가위나 꼬리를 번쩍 든 전갈의 모양을 본뜬 글자로, 전갈이 알을 많이 낳는다고 하여 '일만'의 뜻을 나타낸다.					
	萬					

滿 찰 만	뜻 : '물'을 뜻하는 氵(수)와 음을 나타내는 㒼(만)을 합하여, '물이 구석구석에 가득하다'는 데서 '가득하다'의 뜻을 나타낸다.					
	滿					

慢 거만할 만	뜻 : '마음'을 나타내는 忄(심)과 '완만하다'를 나타내는 曼(만)을 합하여 '게을리하다', '깔보다'의 뜻을 나타낸다.					
	慢					

▶ 한자마법을 따라 써 보세요.

급하다, 급해! 급할 급 急!

급하다, 급해! 급할 급 急!

한자능력검정시험급수 6급	急

'따라붙다'의 뜻인 及(급)에 心(심)을 더하여, 쫓길 때의 절박한 마음을 나타내어 '긴급하다', '위급하다', '급하다'의 뜻을 나타낸다.

心부의 5획 총 9획

급할 급   필순 急 急 急 急 急 急 急 急 急

▶ 필순에 따라 바르게 써 보세요.

急	急	急	急	急	急	急	急	急
급할 급								
急								

엄마, 아빠와 함께 하는
한자 연습장

急이 쓰인 낱말

급격(急激) – 급하고 격렬함
급보(急報) – 급히 알리는 것

▶ 急이 쓰인 낱말을 써 보세요.

急	激	急	激			
급격						

急	報	急	報			
급보						

▶ 다음 한자는 急과 같은 소리를 내는 한자예요.

급 — 級 등급 급 — 給 줄 급 — 及 미칠 급

級 등급 급	뜻 : '실'을 뜻하는 糸(사)와 음을 나타내는 及(급)을 합하여 실을 이은 매듭을 나타내며, 실의 매듭에 따라 계급이 달라졌기 때문에 '등급', '차례'의 뜻을 나타낸다.				
	級				

給 줄 급	뜻 : 뜻을 나타내는 糸(사)와 음을 나타내는 合(합→급)을 합하여, 실을 뽑을 때 끊어진 부분을 다시 이어 합한다는 데서 '주다', '대다'의 뜻을 나타낸다.				
	給				

及 미칠 급	뜻 : 사람의 뒤에 손이 닿음을 나타내며, '앞지른 사람을 따라 붙는다'는 뜻으로 '도달하다'의 뜻을 나타낸다.				
	及				

▶ 한자마법을 따라 써 보세요.

헐어 버려라! 헐 훼 毀!

헐어 버려라! 헐 훼 毀!

한자능력검정시험급수 3급

毀

헐 훼

'쌀을 절구에 찧어 속꺼풀을 벗겨 깨끗이 함'을 뜻하는 殼(훼)에 土(토)를 더하여 '흙을 빨아 으깨다'의 뜻에서, '헐다', '깨뜨리다'의 뜻을 나타낸다.

殳부의 9획 총 13획

필순 毀 毀 毀 毀 毀 毀 毀 毀 毀 毀 毀 毀 毀

▶ 필순에 따라 바르게 써 보세요.

毀
헐 훼

毁가 쓰인 낱말

훼방(毁謗) – 헐뜯음 또는 비방함을 말함
훼손(毁損) – 헐거나 깨뜨려 쓰지 못하게 함

▶ 毁가 쓰인 낱말을 써 보세요.

毁 謗	毁 謗			
훼방				

毁 損	毁 損			
훼손				

▶ 다음 한자는 毁와 같은 소리를 내는 한자예요.

훼 ── 卉 풀 훼 ── 喙 부리 훼 ── 燬 불 훼

卉 풀 훼	뜻 : 十(십)을 세 개 겹친 글자로 여러 가지 풀을 나타내며, '풀', '초목', '많다'의 뜻을 나타낸다.
	卉

喙 부리 훼	뜻 : 뜻을 나타내는 口(구)와 음을 나타내는 彖(단→달)을 합하여, '새의 부리', '주둥이', '입'의 뜻을 나타낸다.
	喙

燬 불 훼	뜻 : 뜻을 나타내는 火(화)와 음을 나타내는 毁(훼)가 합하여 '불', '화염'의 뜻을 나타낸다.
	燬

> 때려라!
> 때릴 구 毆!

▶ 한자마법을 따라 써 보세요.

때려라! 때릴 구 毆!

때려라! 때릴 구 毆!

한자능력검정시험급수 1급	毆	손에 몽둥이 또는 창을 든 모습을 본뜬 殳 (수)와 '구별 짓다'를 뜻하는 區(구)를 합하여, '때려서 사악한 것과 구별 짓다'의 뜻을 나타낸다. 殳부의 11획 총 15획	
	때릴 **구**	필순 毆 毆 毆 毆 毆 毆 毆 毆 毆 毆 毆 毆 毆 毆 毆	

▶ 필순에 따라 바르게 써 보세요.

毆	毆	毆	毆	毆	毆	毆	毆
때릴 구							
毆	毆	毆	毆	毆	毆	毆	

엄마, 아빠와 함께 하는

한자 연습장

월   일

아빠 확인

엄마 확인

28권

學배움

毆가 쓰인 낱말

구타(毆打) – 사람이나 짐승을 함부로 치고 때림
구박(毆縛) – 때리고 묶음

▶ 毆가 쓰인 낱말을 써 보세요.

毆	打	毆	打				
구타							

毆	縛	毆	縛				
구박							

▶ 다음 한자는 毆와 같은 소리를 내는 한자예요.

구 — 九 아홉 구 — 具 갖출 구 — 久 오랠 구

九 아홉 구	뜻 : 원래는 사람의 팔꿈치 모양을 본떴는데, 뜻이 바뀌어 '아홉', '숫자 9'의 뜻을 나타낸다.					
	九					

具 갖출 구	뜻 : 두 손으로 물건을 바치는 모양의 글자로, '물건' 또는 '돈'을 뜻하는 貝(패)와 합하여 '물건이 모자라지 않는다'는 데서 '갖추다'의 뜻을 나타낸다.					
	具					

久 오랠 구	뜻 : 사람의 뒤 또는 엉덩이에 붙어 잡아끄는 모양의 글자로, '잡아끌고 오랫동안 놓지 않는다'는 데서 '오래다'의 뜻을 나타낸다.					
	久					

엄마, 아빠와 함께 하는
한자 연습장

월 일

아빠 확인

엄마 확인

순식간에 움직여라!
눈 깜짝거릴 순 瞬!

착

▶ 한자마법을 따라 써 보세요.

순식간에 움직여라! 눈 깜짝거릴 순 瞬!

순식간에 움직여라! 눈 깜짝거릴 순 瞬!

瞬

한자능력검정시험급수 3급

눈 깜짝거릴 순

'눈'을 뜻하는 目(목)과 '두 발로 빠르게 춤을 추는 제사장'의 모습을 본뜬 舜(순)을 합하여, 눈을 빨리 뜨고 감는 것을 나타내어 '눈을 깜짝거리다'의 뜻을 나타낸다.

目부의 12획 총 17획

필순 瞬 瞬 瞬 瞬 瞬 瞬 瞬 瞬 瞬 瞬 瞬 瞬 瞬 瞬 瞬 瞬 瞬

▶ 필순에 따라 바르게 써 보세요.

瞬	瞬	瞬	瞬	瞬	瞬	瞬	瞬	瞬
눈 깜짝거릴 순								
瞬	瞬	瞬	瞬	瞬	瞬	瞬	瞬	瞬

28권

엄마, 아빠와 함께 하는
한자 연습장

월	일
아빠 확인	엄마 확인

마법천자문

瞬이 쓰인 낱말

순간(瞬間) – 눈 깜짝할 사이와 같이 극히 짧은 동안
순식(瞬息) – 눈 한 번 깜짝하거나 숨 한 번 쉴 사이와 같이 짧은 동안

▶ 瞬이 쓰인 낱말을 써 보세요.

瞬	間	瞬	間				
순간							

瞬	息	瞬	息				
순식							

▶ 다음 한자는 瞬과 같은 소리를 내는 한자예요.

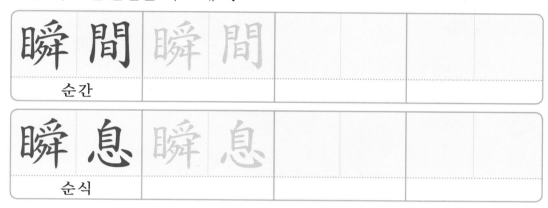

순 — 順 순할 순 — 純 순수할 순 — 旬 열흘 순

順 순할 순	뜻 : '머리'를 뜻하는 頁(혈)에 음을 나타내는 川(천→순)을 합하여, '머리를 조아리며 물의 흐름처럼 따르다'의 뜻에서 '순하다', '따르다'의 뜻을 나타낸다.					
	順					

純 순수할 순	뜻 : 뜻을 나타내는 糸(사)와 음을 나타내는 屯(순)을 합하여, 순수하고 깨끗한 실 또는 새로 만든 옷을 나타내어 '순수하다'의 뜻을 나타낸다.					
	純					

旬 열흘 순	뜻 : '싸다'를 뜻하는 勹(포)와 '날'을 뜻하는 日(일)을 합하여 '열흘'의 뜻을 나타낸다.					
	旬					

☆ 만화 속 한자 찾기 1

★ 만화 속에 숨어 있는 한자를 찾아보세요.

더할 익 ★ 쥘 악 ★ 누를 억 ★ 죽일 살 ★ 넘을 월
당길 만 ★ 급할 급 ★ 헐 훼 ★ 때릴 구 ★ 눈 깜짝거릴 순

월   일

아빠 확인   엄마 확인

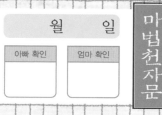

(25)

★중간평가 I

1. 관계있는 것끼리 이으세요.

－음－　　　　　　　　　－한자－　　　　　　　　　－뜻－

 익 •

 益 •

 찔

 살 •

 握 •

 죽일

 만 •

 挽 •

 더할

 악 •

 殺 •

 당길

2. 한자와 음이 바르게 짝지어진 것을 골라 'O'표 하세요.

❶ 越, 월　　抑, 압

❷ 毆, 파　　急, 급

3. 빈칸에 알맞은 한자, 뜻, 소리를 써 넣으세요.

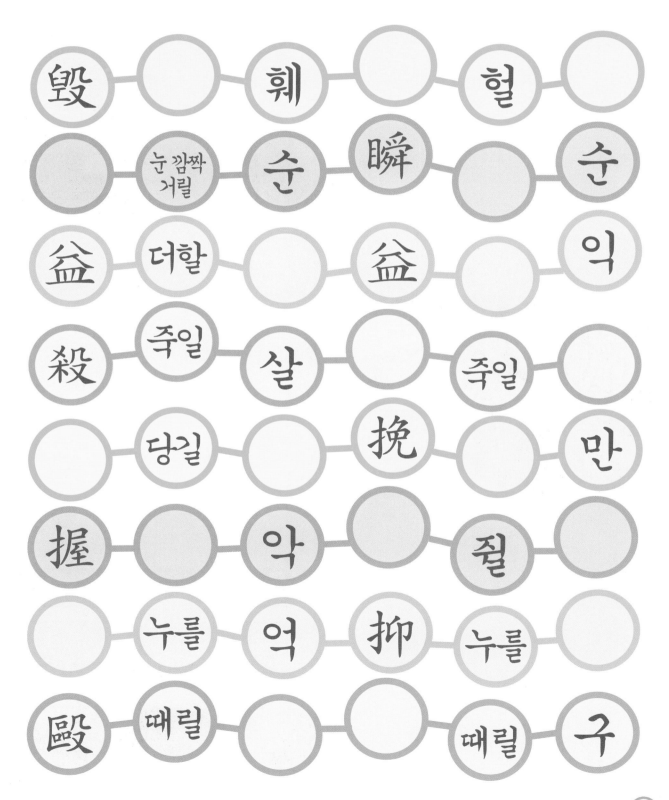

毁 ⟶ ⟶ 훼 ⟶ ⟶ 헐 ⟶

⟶ 눈깜짝거릴 ⟶ 순 ⟶ 瞬 ⟶ ⟶ 순

益 ⟶ 더할 ⟶ ⟶ 益 ⟶ ⟶ 익

殺 ⟶ 죽일 ⟶ 살 ⟶ ⟶ 죽일 ⟶

⟶ 당길 ⟶ ⟶ 挽 ⟶ ⟶ 만

握 ⟶ ⟶ 악 ⟶ ⟶ 쥘 ⟶

⟶ 누를 ⟶ 억 ⟶ 抑 ⟶ 누를 ⟶

毆 ⟶ 때릴 ⟶ ⟶ ⟶ 때릴 ⟶ 구

4. 다음 그림과 한자마법을 읽고 지워진 한자를 찾으세요.

(1) 급하다, 급해! 급할 급 [　　] !

① 及

② 速

③ 急

④ 迅

(2) 더해져라! 더할 익 [　　] !

① 血

② 益

③ 加

④ 減

(3) 뛰어넘어라! 넘을 월 [　　] !

① 走

② 月

③ 躍

④ 越

5. 다음 그림과 한자마법을 잘 살펴본 후, 알맞은 마법 주문을 고르세요.

(1) 握

　① 쥐어라! 쥘 악!

　② 단단히 잡아라! 잡을 포!

　③ 꽉 잡아라! 잡을 파!

(2) 挽

　① 당겨라! 끌어 당길 인!

　② 터져라! 터질 폭!

　③ 잡아당겨라! 당길 만!

(3) 抑

　① 눌러라! 누를 진!

　② 찍어라! 도장 인!

　③ 눌러라! 누를 억!

 # 손오공과 함께 하는 마법 한자 2

★ 한자의 뜻과 소리를 써 보세요.

보호해라! 지킬 보保!

보호해라! 예)지킬 보

발로 밟아라! 밟을 천踐!

올라타라! 탈 탑搭!

발로 밟아라!

올라타라!

꿀꺽 삼켜라! 삼킬 탄呑!

한곳으로 모여라! 모일 회會!

꿀꺽 삼켜라!

한곳으로 모여라!

30

▶ 한자마법을 따라 써 보세요.

보호해라! 지킬 보 保!

보호해라! 지킬 보 保!

보호해라! 지킬 보 保!

保

한자능력검정시험급수 4급

'어른'을 뜻하는 亻(인)과 '포대기에 쌓인 아이'를 나타내는 呆(보)를 합하여, 어른이 아이를 안고 있는 모습에서 '보전하다', '지키다'를 뜻한다.

人(亻)부의 7획 총 9획

지킬, 보호할 **보**   필순 保 保 保 保 保 保 保 保 保

▶ 필순에 따라 바르게 써 보세요.

保	保	保	保	保	保	保	保
지킬, 보호할 보							
保							

保가 쓰인 낱말

보온(保溫) – 일정한 온도를 유지함
보호(保護) – 돌보아 지킴

▶ 保가 쓰인 낱말을 써 보세요.

保	溫	保	溫						

보온

保	護	保	護						

보호

▶ 다음 한자는 保와 같은 소리를 내는 한자예요.

보	步 걸음 보	補 도울 보	寶 보배 보

步
걸음 보

뜻 : 발의 모양을 본뜬 止(지)를 포개어 만든 글자로, 한 걸음 한 걸음 걸어가는 것을 나타내어 '걸음의 단위' 또는 '걸음'의 뜻을 나타낸다.

步

補
도울 보

뜻 : 뜻을 나타내는 衤(의)와 음을 나타내는 甫(보)를 합하여 옷이 헤진 곳을 '깁다', '돕다'의 뜻을 나타낸다.

補

寶
보배 보

뜻 : '집'을 뜻하는 宀(면)과 '구슬'을 뜻하는 玉(옥), '재물'을 뜻하는 貝(패)를 합하여, 집 안에 여러 가지 보물을 간직해 두고 있음을 나타내어 '보물', '보배'의 뜻을 나타낸다.

寶

엄마, 아빠와 함께 하는
한자 연습장

28권

월	일
아빠 확인	엄마 확인

▶ 한자마법을 따라 써 보세요.

속여라! 거짓 가 假!

속여라! 거짓 가 假!

한자능력검정시험급수 4급

假

거짓 **가**

원래 글자는 叚(가)로 언덕 아래에서 두 사람이 물건을 주고받는 모습에서 '빌리다'의 뜻이 나왔고, 뒤에 亻(인)이 더해졌다. 빌린 것은 진짜 내 것이 아니므로 '가짜', '거짓'의 뜻도 나타낸다.

人(亻)부의 9획 총 11획

필순 假 假 假 假 假 假 假 假 假 假

▶ 필순에 따라 바르게 써 보세요.

假	亻	亻	亻	假	作	作	作	假
거짓 가								
假	假	假						

假가 쓰인 낱말

가면(假面) – 나무, 흙, 종이 따위로 만든 얼굴 형상
가상(假想) – 사실이 아니거나 사실 여부가 분명하지 않은 것을 사실이라고 가정하여 생각함

▶ 假가 쓰인 낱말을 써 보세요.

假 面	假 面			
가면				

假 想	假 想			
가상				

▶ 다음 한자는 假와 같은 소리를 내는 한자예요.

가 ─ 價 값 가 ─ 歌 노래 가 ─ 街 거리 가

價	뜻 : '사람'을 뜻하는 亻(인)과 음을 나타내는 賈(가)를 합하여 물건의 '값'을 뜻한다.				
값 가	價				

歌	뜻 : 사람이 입을 벌리는 모양을 본뜬 欠(흠)과 큰 목소리를 뜻하는 可(가)를 겹쳐, 사람이 입을 벌리고 '큰 소리로 노래 부르다'의 뜻에서 '노래하다', '노래'의 뜻을 나타낸다.				
노래 가	歌				

街	뜻 : 뜻을 나타내는 行(행)과 음을 나타내는 圭(규)가 합하여, 두 길이 이어지는 네거리의 뜻에서 '거리'의 뜻을 나타낸다.				
거리 가	街				

▶ 한자마법을 따라 써 보세요.

거꾸러져라! 거꾸러질 질 跌!

거꾸러져라! 거꾸러질 질 跌!

거꾸러져라! 거꾸러질 질 跌!

跌

'빗나가다', '벗어나다'의 뜻인 失(실)에 足(족)을 더하여 '발을 헛디디다', '발부리가 채어 넘어지다'의 뜻을 나타낸다.

足(족)부의 5획 총 12획

한자능력검정시험급수 1급

거꾸러질 질

필순 跌 跌 跌 跌 跌 跌 跌 跌 跌 跌 跌 跌

▶ 필순에 따라 바르게 써 보세요.

跌 跌 跌 跌 跌 跌 跌 跌 跌

거꾸러질 질

跌 跌 跌 跌

跌이 쓰인 낱말

차질(蹉跌) – 발을 헛디디어 넘어짐 또는 하던 일이 계획이나 의도에서 벗어나 틀어지는 일
질탕(跌宕) – 신이 나서 지나치게 흥겨움

▶ 跌이 쓰인 낱말을 써 보세요.

蹉	跌	蹉	跌		
차 질					

跌	宕	跌	宕		
질 탕					

▶ 다음 한자는 跌과 같은 소리를 내는 한자예요.

질 ── 質 바탕 질 ── 疾 병 질 ── 秩 차례 질

質 바탕 질	뜻 : 뜻을 나타내는 貝(패)와 음을 나타내는 所(은→질)을 합하여 '바탕', '본질'의 뜻을 나타낸다.
	質

疾 병 질	뜻 : '병'을 뜻하는 疒(녁)과 '화살'을 뜻하는 矢(시)를 합하여, 화살의 상처를 나타내었지만 넓은 뜻으로 '앓다', '미워하다'의 뜻을 나타낸다.
	疾

秩 차례 질	뜻 : '곡식'을 뜻하는 禾(화)와 '쌓다'를 뜻하는 失(실)을 합하여, 벼를 깔끔히 쌓아 올리는 것을 나타내어 '순서', '차례'의 뜻을 나타낸다.
	秩

엄마, 아빠와 함께 하는
한자 연습장

월   일

아빠 확인   엄마 확인

마법천자문

발로 밟아라!
밟을 천 踐!

▶ 한자마법을 따라 써 보세요.

발로 밟아라! 밟을 천 踐!

발로 밟아라! 밟을 천 踐!

한자능력검정시험급수 3급

踐

밟을 천

'갈기갈기 찢다', '토막을 내다'의 뜻인 戔(전)에 '발'을 뜻하는 足(족)을 더하여 '발로 짓밟아 해치다', '손상시키다'의 뜻을 나타낸다. 또는 단순히 '밟다'의 뜻도 나타낸다.

足(족)부의 8획 총 15획

필순 踐 踐 踐 踐 踐 踐 踐 踐 踐 踐 踐 踐 踐 踐 踐

▶ 필순에 따라 바르게 써 보세요.

踐	踐	踐	踐	踐	踐	踐	踐	踐
밟을 천								
踐	踐	踐	踐	踐	踐	踐		

践이 쓰인 낱말

천답(踐踏) – 짓밟음
천행(踐行) – 실제로 행함

▶ 踐이 쓰인 낱말을 써 보세요.

踐 踏	踐 踏			
천답				

踐 行	踐 行			
천행				

▶ 다음 한자는 踐과 같은 소리를 내는 한자예요.

천	泉 샘 천	千 일천 천	川 내 천

泉 샘 천	뜻 : 바위틈 구멍에서 솟아나오는 샘의 모양을 본뜬 글자로 '샘'의 뜻을 나타낸다.				
	泉				

千 일천 천	뜻 : '많은 사람'을 뜻하는 人(인)에 一(일)을 더하여 '일천'의 뜻을 나타낸다.				
	千				

川 내 천	뜻 : 양쪽 언덕 사이로 물이 흐르고 있는 모양을 본뜬 글자로 '시내', '강'의 뜻을 나타낸다.				
	川				

엄마, 아빠와 함께 하는 한자 연습장

28권

월　일

아빠 확인　　엄마 확인

▶ 한자마법을 따라 써 보세요.

올라타라!
탈 탑 搭!

올라타래! 탈 탑 搭!

올라타래! 탈 탑 搭!

한자능력검정시험급수 1급

탈 탑

뜻을 나타내는 手(수)와 음을 나타내는 荅(탑)을 합하여 '탈것에 타다', '물건을 싣다', '때리다'의 뜻을 나타낸다.

手(扌)부의 10획 총 13획

필순 搭 搭 搭 搭 搭 搭 搭 搭 搭 搭 搭 搭

▶ 필순에 따라 바르게 써 보세요.

搭	搭	搭	搭	搭	搭	搭	搭
탈 탑							
搭	搭	搭	搭	搭			

엄마, 아빠와 함께 하는
한자 연습장

월   일

아빠 확인   엄마 확인

마법천자문

搭이 쓰인 낱말

탑승(搭乘) – 배·수레 따위에 올라탐

탑재(搭載) – 배·수레 따위에 물건을 실음

탑선(搭船) – 배를 탐

탑객(搭客) – 탑승객

▶ 搭이 쓰인 낱말을 써 보세요.

搭 乘	搭 乘		
탑승			

搭 載	搭 載		
탑재			

搭 船	搭 船		
탑선			

搭 客	搭 客		
탑객			

▶ 다음 한자는 搭과 같은 소리를 내는 한자예요.

탑 ── 塔 탑 탑

塔	塔	뜻 : 뜻을 나타내는 土(토)와 음을 나타내는 쌉(답→탑)을 합하여 '탑', '층집'의 뜻을 나타낸다.					
탑 탑							

41

▶ 한자마법을 따라 써 보세요.

죄인을 쳐라! 칠 벌 伐!

죄인을 쳐라! 칠 벌 伐!

	伐	'사람'을 뜻하는 亻(인)과 '창'을 뜻하는 戈(과)가 합하여, '사람의 목을 창으로 베다'에서 '치다', '베다'의 뜻을 나타낸다.	
한자능력검정시험급수 4급		人(亻)부의 4획 총 6획	
	칠벌	필순 伐 伐 伐 代 伐 伐	

▶ 필순에 따라 바르게 써 보세요.

伐	伐	伐	伐	代	伐	伐	
칠 벌							

伐이 쓰인 낱말

벌목(伐木) – 나무를 베어 냄
벌초(伐草) – 산소의 잡초를 베어서 깨끗이 함

▶ 伐이 쓰인 낱말을 써 보세요.

伐木	伐木		
벌목			

伐草	伐草		
벌초			

▶ 다음 한자는 伐과 같은 소리를 내는 한자예요.

벌	罰 벌줄 벌	筏 뗏목 벌	閥 문벌 벌

罰	뜻 : '그물'을 뜻하는 罒(망)과 '큰소리로 꾸짖음'을 뜻하는 詈(현)을 합하여, 잡아서 말로 꾸짖고 칼로 끊음을 나타내어 '벌을 주다'의 뜻을 나타낸다.						
	罰						
벌줄 벌							

筏	뜻 : 뜻을 나타내는 竹(죽)과 음을 나타내는 伐(벌)을 합하여 '뗏목'의 뜻을 나타낸다.						
	筏						
뗏목 벌							

閥	뜻 : 뜻을 나타내는 門(문)과 음을 나타내는 伐(벌)을 합하여 '문벌', '가문'의 뜻을 나타낸다.						
	閥						
문벌 벌							

28권 엄마, 아빠와 함께 하는 한자 연습장

월   일

아빠 확인	엄마 확인

마법천자문

▶ 한자마법을 따라 써 보세요.

거두어라! 거둘 렴 斂!

거두어라! 거둘 렴 斂!

斂	'여럿이 함께 이구동성으로 말하다'의 뜻인 僉(첨)에 攵(복)을 더하여 '합쳐서 거두다'의 뜻을 나타낸다.	

한자능력검정시험급수 1급

攵(攴)부의 13획 총 17획

거둘 렴(염)

필순 斂 斂 斂 斂 斂 斂 斂 斂 斂 斂 斂 斂 斂 斂 斂 斂 斂

▶ 필순에 따라 바르게 써 보세요.

斂								
거둘 렴(염)								

斂이 쓰인 낱말

염거(斂去) – 하는 일을 그만두고 물러감
염장(斂藏) – 저장함 또는 넣어 둠
염수(斂手) – 하던 일에서 손을 뗌, 또는 손을 대지 아니함

▶ 斂이 쓰인 낱말을 써 보세요.

斂	去	斂	去				
염거							

斂	藏	斂	藏				
염장							

斂	手	斂	手				
염수							

▶ 다음 한자는 斂과 같은 소리를 내는 한자예요.

렴(염) ── 廉 청렴할 렴 ── 簾 발 렴

廉	뜻 : 뜻을 나타내는 广(엄)과 음을 나타내는 兼(겸)을 합하여 '청렴하다', '결백하다'의 뜻을 나타낸다.					
청렴할 렴	廉					

簾	뜻 : '대나무'를 뜻하는 竹(죽)과 음을 나타내는 廉(렴)을 합하여 가느다란 대나무를 잇대어 만든 '발'을 뜻한다.					
발 렴	簾					

엄마, 아빠와 함께 하는
한자 연습장

월   일

아빠 확인   엄마 확인

마법천자문

꿀꺽 삼켜라!
삼킬 **탄** 呑!

▶ 한자마법을 따라 써 보세요.

꿀꺽 삼켜라! 삼킬 탄 呑!

꿀꺽 삼켜라! 삼킬 탄 呑!

한자능력검정시험급수 1급

呑

삼킬 **탄**

목젖의 모양을 본뜬 天(천)에 口(구)가 더해
져 씹지 않고 단숨에 '삼키다'의 뜻을 나타
낸다.

口부의 4획 총 7획

필순 呑 呑 呑 呑 呑 呑 呑

▶ 필순에 따라 바르게 써 보세요.

呑   呑 呑 呑 呑 呑 呑 呑

삼킬 탄

呑이 쓰인 낱말

탄성(呑聲) – 소리를 내려고 하여도 소리가 나오지 아니함
탄토(呑吐) – 삼킴과 뱉음

▶ 呑이 쓰인 낱말을 써 보세요.

呑 聲	呑 聲			
탄성				

呑 吐	呑 吐			
탄토				

▶ 다음 한자는 呑과 같은 소리를 내는 한자예요.

탄 ── 炭 숯 탄 ── 彈 탄알 탄 ── 誕 날, 거짓 탄

炭 숯 탄	뜻 : 山(산)에 '언덕'을 뜻하는 厂(엄)과 '불'을 뜻하는 火(화)를 합하여, 산 언덕 동굴에서 불을 피워 나무를 태운 것이라는 데서 '숯'을 뜻한다.				
	炭				

彈 탄알 탄	뜻 : 뜻을 나타내는 弓(궁)과 음을 나타내는 동시에 둥근 알을 나타내는 單(단)을 합하여 '알을 쏘는 활' 또는 '탄알'이라는 뜻을 나타낸다.				
	彈				

誕 날, 거짓 탄	뜻 : 뜻을 나타내는 言(언)과 '길게 늘이다'라는 뜻을 나타내는 延(연)을 합하여 '말을 사실보다 늘이다'에서 '거짓말하다'를 뜻하며, 또 '늘어나 길게 되다'에서 '태어나 자라다'의 뜻도 나타낸다.				
	誕				

엄마, 아빠와 함께 하는
한자 연습장

월	일

아빠 확인	엄마 확인

마법천자문

▶ 한자마법을 따라 써 보세요.

한곳으로 모여라! 모일 회 會!

한곳으로 모여라! 모일 회 會!

한자능력검정시험급수 6급

會

모일 회

아랫부분의 그릇과 중간의 음식물, 윗부분의 뚜껑이 결합된 글자로, 그릇과 뚜껑이 잘 맞는 데서 '잘 맞다', '만나다', '모이다'의 뜻을 나타낸다.

曰부의 9획 총 13획

필순 會 會 會 會 會 會 會 會 會 會 會 會 會

▶ 필순에 따라 바르게 써 보세요.

會	會	會	會	會	會	會	會	會
모일 회								
會	會	會	會	會				

會가 쓰인 낱말

회담(會談) – 한곳에 모여 이야기 함
회식(會食) – 여러 사람이 모여 같이 음식을 먹음

▶ 會가 쓰인 낱말을 써 보세요.

會 談	會 談		
회담			

會 食	會 食		
회식			

▶ 다음 한자는 會와 같은 소리를 내는 한자예요.

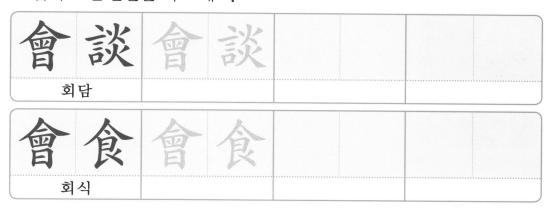

회 ─── 回 돌 회 ─── 灰 재 회 ─── 懷 품을 회

回	뜻 : 물건이 회전하는 모양을 본뜬 글자로, '돌다'의 뜻을 나타낸다.				
	回				
돌 회					

灰	뜻 : 오른손의 모양을 본뜬 又(우)에 火(화)를 더하여, '손으로 집을 수 있는 식은 불'을 뜻하며 '재'의 뜻을 나타낸다.				
	灰				
재 회					

懷	뜻 : '되풀이하다'를 나타내는 裏(회)와 忄(심)을 더하여, '마음에 돌이켜 생각하다'를 뜻하며 '품다', '그리워하다'의 뜻을 나타낸다.				
	懷				
품을 회					

방해해라!
방해할 방 妨!

▶ 한자마법을 따라 써 보세요.

방해해라! 방해할 방 妨!

방해해라! 방해할 방 妨!

한자능력검정시험급수 4급

妨

방해할 **방**

'여자'의 뜻인 女(녀)와 '나란하다'의 뜻인 方(방)을 합하여, 여자가 줄지어 있음으로 방해가 된다는 데서 '방해하다'의 뜻을 나타낸다.

女부의 4획 총 7획

필순 妨 妨 妨 妨 妨 妨 妨

▶ 필순에 따라 바르게 써 보세요.

妨	丨	妨	妨	妨	妨	妨	妨	
방해할 방								

엄마, 아빠와 함께 하는
한자 연습장

28권

| 월 | 일 |

아빠 확인 　　 엄마 확인

마법천자문

妨이 쓰인 낱말

방해(妨害) – 남의 일에 간섭하고 막아 해롭게 함

방지(妨止) – 어떤 일이나 현상을 일어나지 못하게 막아 정지시킴

▶ 妨이 쓰인 낱말을 써 보세요.

妨	害	妨	害				
방해							

妨	止	妨	止				
방지							

▶ 다음 한자는 妨과 같은 소리를 내는 한자예요.

방 ── 方 방향 방 ── 放 놓을 방 ── 訪 찾을 방

方 方향 방	뜻 : 양쪽으로 내민 손잡이가 있는 쟁기의 모양을 본뜬 글자로, '모', '방향'의 뜻을 나타낸다.
	方

放 놓을 방	뜻 : 음을 나타내는 方(방)과 '강제하다'는 뜻을 지닌 攵(복)을 합하여 '벌려 놓다', '떼어 놓다'의 뜻을 나타낸다.
	放

訪 찾을 방	뜻 : '말'을 뜻하는 言(언)에 지역을 나타내는 方(방)을 더하여, '다른 곳을 찾아가 묻다'는 뜻에서 '묻다', '찾다'의 의미를 지닌다.
	訪

51

★ 만화 속에 숨어 있는 한자를 찾아보세요.

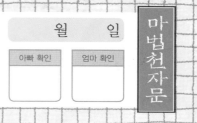

☆중간평가 2

1. 관계있는 것끼리 이으세요.

– 음 –	– 한자 –	– 뜻 –
방	會	방해할
탑	伐	탈
벌	搭	칠
회	妨	모일

2. 한자와 음이 바르게 짝지어진 것을 골라 'O'표 하세요.

❶ 斂, 령　　保, 보　　❷ 假, 가　　踐, 담

3. 빈칸에 알맞은 한자, 뜻, 소리를 써 넣으세요.

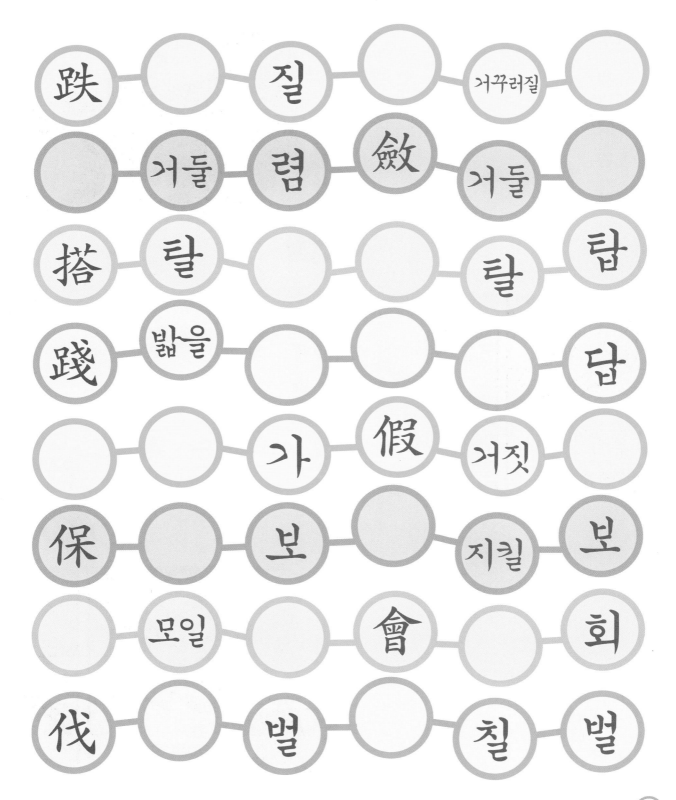

跌		질		거꾸러질	
	거둘	렴	斂	거둘	
搭	탈			탈	탑
踐	밟을				답
		가	假	거짓	
保		보		지킬	보
	모일		會		회
伐		벌		칠	벌

4. 다음 그림과 한자마법을 읽고 지워진 한자를 찾으세요.

(1) 발로 밟아라! 밟을 천 [　　　]!

　① 蹋

　② 踐

　③ 答

　④ 踏

발로 밟아라!
밟을 **천**

올라타라!
탈 **탑**

(2) 올라타라! 탈 탑 [　　　]!

　① 搭

　② 塔

　③ 勝

　④ 昇

(3) 한곳으로 모여라! 모일 회 [　　　]!

　① 回

　② 食

　③ 會

　④ 灰

한곳으로 모여라!
모일 **회**

5. 다음 그림과 한자마법을 잘 살펴본 후, 알맞은 마법 주문을 고르세요.

(1) 伐

① 베어라! 벨 할!

② 모조리 베어라! 벨 참!

③ 죄인을 쳐라! 칠 벌!

(2) 呑

① 벌컥벌컥! 마실 흡!

② 꿀꺽 삼켜라! 삼킬 탄!

③ 향기로운 냄새! 향기 향!

(3) 妨

① 구석구석 찾아라! 찾을 방!

② 만들어라! 만들 작!

③ 방해해라! 방해할 방!

★최종 형성평가

1. 다음 마법 주문에 알맞은 한자를 찾아 이으세요.

(1) 헐어 버려라! 헐 훼! •   • 伐

(2) 뛰어넘어라! 넘을 월! •   • 毁

(3) 급하다, 급해! 급할 급! •   • 抑

(4) 속여라! 거짓 가! •   • 假

(5) 죄인을 쳐라! 칠 벌! •   • 瞬

(6) 눌러라! 누를 억! •   • 越

(7) 한곳으로 모여라! 모일 회! •   • 急

(8) 보호해라! 지킬 보! •   • 跌

(9) 거꾸러져라! 거꾸러질 질! •   • 會

(10) 순식간에 움직여라! 눈 깜짝거릴 순! •   • 保

2. 다음의 한자어를 우리말로 바꿔 보세요.

(1) 越牆 (   )   (2) 毁損 (   )   (3) 急激 (   )

(4) 殺菌 (   )   (5) 抑留 (   )   (6) 蹉跌 (   )

(7) 搭乘 (   )   (8) 假面 (   )   (9) 保溫 (   )

(10) 毆縛 (   )   (11) 伐草 (   )   (12) 會食 (   )

3. 빈칸에 들어갈 알맞은 한자를 선택하여 쓰세요.

> **보기**   保護   射殺   抑壓   握力

(1) 교만지왕은 삼장을 악마화 마법으로 _____ 했다.

(2) 호위장군은 두 손의 _____ 으로 손오공을 꼼짝 못하게 했다.

(3) 큐티는 오공을 지키기 위해 호위장군에게 강력한 _____ 마법을 사용한다.

(4) 오공은 인질이 된 친구들을 _____ 하기 위해 '지킬 보' 마법을 사용한다.

4. 다음 한자와 음이 같은 한자를 선택하세요.

會   ① 溢   ② 西   ③ 回   ④ 食

踐   ① 球   ② 千   ③ 蹴   ④ 踏

盆   ① 溫   ② 衆   ③ 血   ④ 翼

挽   ① 萬   ② 眠   ③ 引   ④ 勉

5. 다음 한자어를 바르게 읽은 것에 'O'표 하세요.

(1) 挽留 (만류, 만용)　　　　(2) 毁謗 (훼방, 훼손)

(3) 越等 (월장, 월등)　　　　(4) 搭載 (탑재, 목재)

(5) 急報 (급습, 급보)　　　　(6) 伐木 (벌목, 유목)

(7) 假想 (가구, 가상)　　　　(8) 妨害 (유해, 방해)

★최종 형성평가

6. 다음은 한자의 음과 훈, 획수, 부수 등을 정리한 표입니다. 아래 〈보기〉를 보고 빈칸을 채워 보세요.

| 보기 | 가 | 거꾸러질 | 木 | 12 | 보 | 假 | 人(亻) |

한자	뜻	음	획순	부수
跌		질		足
	거짓		11	人(亻)
保	지킬		9	

7. 다음은 握과 관련된 설명이에요. 틀리게 말한 사람은 누구일까요? (　　　　　)

 '질 악'이라고 읽어.

 이 한자의 부수는 手야.

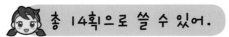 총 14획으로 쓸 수 있어.

 '쥐다'라는 뜻을 나타내.

8. 다음은 毆와 관련된 설명이에요. 틀리게 말한 사람은 누구일까요? (　　　　　)

 '때릴 구'라고 읽어.

 이 한자의 부수는 區야.

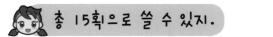 총 15획으로 쓸 수 있지.

 '때리다'라는 뜻을 나타내.

9. 다음 한자의 부수를 써 보세요.

(1) 瞬 (　　　　　)　　　　(2) 呑 (　　　　　)

(3) 斂 (　　　　　)　　　　(4) 越 (　　　　　)

(5) 益 (　　　　　)　　　　(6) 伐 (　　　　　)

(7) 會 (　　　　　)　　　　(8) 殺 (　　　　　)

10. 다음 한자어의 뜻을 써 보세요.

(1) 益蟲 : ⋯⋯⋯⋯⋯⋯⋯⋯⋯⋯⋯⋯⋯⋯⋯⋯⋯⋯⋯⋯⋯⋯⋯⋯⋯⋯⋯⋯⋯⋯⋯⋯⋯⋯⋯

(2) 瞬間 : ⋯⋯⋯⋯⋯⋯⋯⋯⋯⋯⋯⋯⋯⋯⋯⋯⋯⋯⋯⋯⋯⋯⋯⋯⋯⋯⋯⋯⋯⋯⋯⋯⋯⋯⋯

(3) 伐草 : ⋯⋯⋯⋯⋯⋯⋯⋯⋯⋯⋯⋯⋯⋯⋯⋯⋯⋯⋯⋯⋯⋯⋯⋯⋯⋯⋯⋯⋯⋯⋯⋯⋯⋯⋯

(4) 會談 : ⋯⋯⋯⋯⋯⋯⋯⋯⋯⋯⋯⋯⋯⋯⋯⋯⋯⋯⋯⋯⋯⋯⋯⋯⋯⋯⋯⋯⋯⋯⋯⋯⋯⋯⋯

11. 빈칸에 들어갈 한자를 찾아보세요.

(1) 越 (　　　　　)

① 長　② 片　③ 油　④ 牆

Hint : '담을 넘다'라는 뜻을 나타내요.

(2) 保 (　　　　　)

① 全　② 溫　③ 護　④ 助

Hint : '일정한 온도를 잃지 않도록 유지하다'라는 뜻을 나타내요.

(3) 急 (　　　　　)

① 減　② 激　③ 擊　④ 襲

Hint : '급하고 격렬하다'라는 뜻을 나타내요.

(4) 踐 (　　　　　)

① 幸　② 行　③ 上　④ 知

Hint : '실제로 행하다'라는 뜻을 나타내요.

답안지

중간평가 1 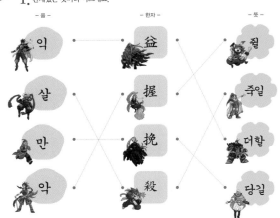 26~29쪽

1. 관계있는 것끼리 이으세요.

- 음 - / - 한자 - / - 뜻 -

익 · 益 · 쥘
살 · 握 · 죽일
만 · 挽 · 더할
악 · 殺 · 당길

2. 한자와 음이 바르게 짝지어진 것을 골라 'O'표 하세요.

❶ 越, 월 / 抑, 압
❷ 毆, 파 / 急, 급 (O)

4. (1) ③ 急 (2) ② 益 (3) ④ 越

3. 빈칸에 알맞은 한자, 뜻, 소리를 써 넣으세요.

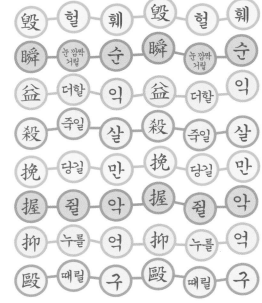

毀	헐	훼	毀	헐	훼
瞬	눈 깜짝거릴	순	瞬	눈 깜짝거릴	순
益	더할	익	益	더할	익
殺	죽일	살	殺	죽일	살
挽	당길	만	挽	당길	만
握	쥘	악	握	쥘	악
抑	누를	억	抑	누를	억
毆	때릴	구	毆	때릴	구

5. (1) ① 쥐어라! 쥘 악!
   (2) ③ 잡아당겨라! 당길 만!
   (3) ③ 눌러라! 누를 억!

중간평가 2  54~57쪽

1. 관계있는 것끼리 이으세요.

- 음 - / - 한자 - / - 뜻 -

방 · 會 · 방해할
탑 · 伐 · 탈
벌 · 搭 · 칠
회 · 妨 · 모일

2. 한자와 음이 바르게 짝지어진 것을 골라 'O'표 하세요.

❶ 斂, 령 / 保, 보 (O)
❷ 假, 가 / 踐, 담

4. (1) ② 踐 (2) ① 搭 (3) ③ 會

3. 빈칸에 알맞은 한자, 뜻, 소리를 써 넣으세요

跌	거꾸러질	질	跌	거꾸러질	질
斂	거둘	렴	斂	거둘	렴
搭	탈	탑	搭	탈	탑
踐	밟을	천	踐	밟을	천
假	거짓	가	假	거짓	가
保	지킬	보	保	지킬	보
會	모일	회	會	모일	회
伐	칠	벌	伐	칠	벌

5. (1) ③ 죄인을 쳐라! 칠 벌!
   (2) ② 꿀꺽 삼켜라! 삼킬 탄!
   (3) ③ 방해해라! 방해할 방!

62

최종 형성평가 58~61쪽

1.
(1) 헐어 버려라! 헐 훼! •
(2) 뛰어넘어라! 넘을 월! •
(3) 급하다, 급해! 급할 급! •
(4) 속여라! 거짓 가! •
(5) 죄인을 처라! 칠 벌! •
(6) 눌러라! 누를 억! •
(7) 한곳으로 모여라! 모일 회! •
(8) 보호해라! 지킬 보! •
(9) 거꾸러져라! 거꾸러질 질! •
(10) 순식간에 움직여라! 눈 깜짝거릴 순! •

• 伐
• 毁
• 抑
• 假
• 瞬
• 越
• 急
• 跌
• 會
• 保

2. (1) 월장 (2) 훼손 (3) 급격 (4) 살균 (5) 억류 (6) 차질
(7) 탑승 (8) 가면 (9) 보온 (10) 구박 (11) 벌초 (12) 회식

3. (1) 抑壓 (2) 握力 (3) 射殺 (4) 保護
4. (1) ③ 回 (2) ② 千 (3) ④ 翼 (4) ① 萬
5. (1) 挽留 (만류, 만용)
   (2) 毀謗 (훼방, 훼손)
   (3) 越牆 (월장, 월등)
   (4) 搭載 (탑재, 목재)
   (5) 急報 (급습, 급보)
   (6) 伐木 (벌목, 유목)
   (7) 假想 (가구, 가상)
   (8) 妨害 (유해, 방해)

6.

한자	뜻	음	획순	부수
跌	거꾸러질	질	12	足
假	거짓	가	11	人(亻)
保	지킬	보	9	人(亻)

9. (1) 目 (2) 口 (3) 攴(攵) (4) 走
   (5) 皿 (6) 人(亻) (7) 日 (8) 殳
10. (1) 꿀벌, 누에와 같이 사람에게 유익한 곤충
    (2) 눈 깜짝할 사이와 같이 극히 짧은 동안
    (3) 산소의 잡초를 베어서 깨끗이 함
    (4) 한곳에 모여 이야기 함
11. (1) ④ 牆 (2) ② 溫 (3) ② 激 (4) ② 行

7. 握은 총 12획

8. 殿의 부수는 殳야.

한자연습장으로 한자를 모두 익힌 뒤 엄마, 아빠에게 자랑해 봐!

☆삼장과 함께 하는 마법 한자 빙고 한 판!

28권에 나온 마법 한자들이 아래에 있어요. 한자마법을 외치며 빙고판을 완성해 보세요!
직선 혹은 대각선으로 3개 이상 선을 만들면 빙고 성공!

瞬	妨
嚴	僉
毁	吞
鴥	敵
挽	伐
越	捨
殺	踐
抑	跌
握	假
益	保